MESSIEURS

FABVIER ET SAINNEVILLE

CONVAINCUS

D'ÊTRE CE QU'ILS SONT.

ÇET OUVRAGE SE TROUVE AUSSI AU DÉPÔT
DE MA LIBRAIRIE,

Palais-Royal, galeries de bois, nos 265 et 266.

MESSIEURS FABVIER ET SAINNEVILLE CONVAINCUS D'ÊTRE CE QU'ILS SONT,

PAR P. BOURLIER,

MAIRE *RÉVOQUÉ* DE SAINT-ANDÉOL.

Qui fodit foveam, incidet in eam; et qui volvit lapidem, revertetur ad eum.

PROV., cap. XXVI, p. 27.

Celui qui creuse la fosse, tombera dedans; et la pierre retournera contre celui qui l'aura roulée.

DEUXIÈME ÉDITION.

PARIS,

J. G. DENTU, IMPRIMEUR-LIBRAIRE,

rue des Petits-Augustins, n° 5 (ancien hôtel de Persan).

1818.

MESSIEURS
FABVIER ET SAINNEVILLE
CONVAINCUS
D'ÊTRE CE QU'ILS SONT.

Lorsqu'après une longue révolution, l'ordre commence à peine à succéder à d'épouvantables désordres; quand les opinions politiques divisent encore les citoyens, et brouillent entr'eux jusqu'aux membres d'une même famille, l'homme que la confiance du Prince appelle à des fonctions publiques, ne saurait se promettre d'être assez heureux pour réunir tous les esprits et gagner tous les cœurs. Ses efforts pourront bien ramener quelques individus trompés, mais ils échoueront presque infailliblement à l'égard de ceux dont les vœux coupables ne cessent d'appeler un bouleversement dans l'Etat.

Que des Magistrats viennent seulement à heurter les passions de quelques-uns de ces hommes, aussitôt l'esprit de parti se montrera, et les haines éclateront avec violence. Ce sera bien pis encore, si des conspirateurs démasqués, n'ayant plus de ressources que dans la perfidie et l'imposture pour se justifier, ou du moins pour atténuer leur crime, entrevoient la possibilité de rejeter leur rebellion sur ceux qui l'ont comprimée, et de la présenter comme l'effet naturel de la résistance à une oppression illégale; les plaintes alors se feront entendre; elles deviendront plus nombreuses et plus hardies, selon qu'elles trouveront plus ou moins d'appui, et finiront peut-être par égarer un moment l'opinion. Si, dans des circonstances si graves, les premiers dépositaires du pouvoir, instruits de la vérité, ne la font pas connaître, la calomnie s'emparera de leur silence, et son poison, devenu plus dangereux, ira flétrir par-tout le dévoûment et la vertu.

Compromis dans leur honneur, dans leur sûreté peut-être, et privés du soutien de l'autorité qu'ils ont servie, que feront les Magistrats? Un tribunal devra-t-il porter son accusation devant un autre tribunal, souvent au-dessous de lui par la nature de ses attributions? La justice fera-t-elle juger ses jugemens, quand la loi, en lui conférant le droit de prononcer en *dernier ressort*, l'a en quelque sorte déclarée *infaillible?* Un Maire, devenu simple particulier par une révocation, devra-t-il faire juger en police correctionnelle une imputation qui l'atteint comme Magistrat? et le Gouvernement pour lequel il s'est dévoué, au lieu de l'accuser lui-même, s'il est coupable, ou de le protéger, s'il est innocent, le réduira-t-il à ne pouvoir venger sa réputation qu'en compromettant son repos et sa fortune, dans un procès ruineux, contre un calomniateur puissant?

Telles sont les questions auxquelles a donné lieu l'apparition de deux écrits où sont entassées, avec autant d'habileté que d'audace, des impostures plus atroces que toutes celles qu'ont enfantées trente années de révolutions et de forfaits.

Il ne m'appartient pas de résoudre des questions d'une importance si haute; mais ma propre position me donne au moins le droit de dire que des Préfets, des Généraux, des Juges, des Maires, dans une situation si étrange, sont bien à plaindre.

Le 8 juin avait vu échouer une conspiration qui ne tendait à rien moins qu'à ramener parmi nous le despotisme et l'anarchie.

Les sages mesures de M. le Préfet, l'habileté et la modération du Lieutenant-Général commandant la division, l'infatigable activité d'un Magistrat sur la tombe duquel Lyon verse encore aujourd'hui des larmes de regret et d'amour, le dévoûment des Maires des campagnes, avaient sauvé le département du Rhône; et le Gouvernement, après avoir recueilli les preuves de ce concert unanime d'efforts et de zèle, attentif à récompenser les plus petits comme les plus grands services, avait daigné étendre les témoignages de sa satisfaction jusqu'à moi (1).

Tout était rentré dans l'ordre, et l'administration pouvait, sans danger, se montrer indulgente et paternelle envers les nombreux coupables, que la vengeance des lois avait salutairement effrayés. Une tranquillité parfaite régnait par-tout, lorsque, par des causes auxquelles le seul Magistrat absent pendant nos troubles, ne fut peut-être pas étranger, M. le Maréchal de Marmont, duc de Raguse, fut envoyé à Lyon en qualité de Lieutenant du Roi, pour *rétablir*, dit le colonel Fabvier, *la paix dans ces contrées*.

On ignora d'abord le véritable motif de cette mission extraordinaire : ce qu'il y eut de remarquable, c'est que, dès le principe, les mêmes hommes qui, au 8 juin, annonçaient une révolution et le renversement

---

(1) Je n'ai raconté dans mes rapports qu'une partie des dangers que j'ai courus, parce que si j'eusse tout dit, tel homme qui vit encore aujourd'hui, eût infailliblement péri. Cependant ma conduite m'a successivement attiré les éloges de M. le Préfet, de la Cour prévôtale, du Ministre, et de Sa Majesté même, par l'organe du Ministre. Le 19 septembre, je lisais ces paroles dans une lettre que m'adressait M. de Chabrol, de la part de M. Lainé : :

« Votre belle conduite et votre rare dévoûment ont été portés à la « connaissance du Roi; Sa Majesté en a témoigné sa satisfaction. »

Quinze jours après, j'étais jugé *persécuteur* par M. le Maréchal et son chef d'état-major.

des autorités royales, firent éclater leur joie, et se vantèrent d'un prochain triomphe.

Les premiers actes de M. le Maréchal prouvèrent que son Excellence, entourée de gens intéressés à lui déguiser la vérité, serait horriblement trompée (1). Toute la bienveillance fut pour les coupables que jugeait la Cour prévôtale, toutes les rigueurs, pour ceux auxquels le département du Rhône devait de n'être pas en feu.

Je n'ai point à raconter les opérations de son Excellence; je ne dirai que ce qui est nécessaire pour faire connaître la vérité en ce qui me concerne, et venger mon honneur des outrages de M. le colonel Fabvier.

M. le Lieutenant du Roi, par un arrêté du 8 octobre (2), ordonna que les Maires ci-après dénommés cesseraient sur le champ leurs fonctions.

Savoir :

Henry-des-Tournelles, Maire de la commune de Saint-Didier au Mont-d'Or;

Hue-de-la-Blanche, Maire de la commune d'Irigny.

Figurey, Maire de la commune de Brignais;

Perrel, Maire de la commune de Soucieux;

Bourlier, Maire de la commune de Saint-Andéol;

Durand, Maire de la commune de Neuville;

Puy, Maire de la commune de Saint-Genis-Laval.

Le préambule de cet arrêté n'énonçait aucun motif; il exprimait simplement que M. le Maréchal agissait *en vertu des pouvoirs qui lui avaient été confiés par le Roi*. C'était évidemment une *peine* prononcée contre nous,

---

(1) « Peut-être, a dit M. Magneval dans sa réponse à M. Camille-« Jordan, peut-être suffirait-il de connaître ceux qui ont fait prévaloir « leur récit et leur sentiment dans le conseil de M. le Maréchal, pour « voir finir cette espèce de procès. » M. Magneval a dit vrai.

(2) Je crois pouvoir me dispenser de rapporter dans les notes justificatives, le texte de cet arrêté et de quelques autres pièces qui déjà ont été plus d'une fois imprimées.

une sorte de flétrissure, et M. le colonel Fabvier le fait entendre positivement. Il nous désigne sous le nom de *persécuteurs*, et déclare que notre révocation avait pour but de *donner satisfaction aux persécutés* (1).

Les Maires ainsi révoqués ne pouvaient garder le silence sans paraître avouer l'équité d'un acte qui tendait à les déshonorer devant la France entière. Le soin de leur réputation, plus encore que la situation pénible dans laquelle l'arrêté du 8 octobre les plaçait à l'égard des rebelles de leurs communes, leur faisait un devoir d'élever la voix.

Innocens ou coupables, n'avaient-ils pas autant de droits à la protection ou au moins à l'impartialité de M. le Maréchal, que les nombreux prévenus dont les crimes étaient bien autrement constatés? Quelle différence cependant dans la manière dont les uns et les autres se voyaient traités! Qu'il me soit permis de citer un exemple.

Le sieur Taisson, traduit devant la Cour prévôtale comme chef d'un comité insurrecteur, après avoir fait à M. le Maire de Lyon les aveux les plus importans, avait imaginé de feindre à la fois la cécité et la démence. Afin d'assurer plus de succès à ce stratagème, la femme de ce malheureux eut recours à M. le Lieutenant du Roi. Elle accusa devant lui les magistrats d'avoir torturé son mari; et bien que l'honneur de ceux-ci fût au-dessus de tout soupçon, sa requête fut accueillie : il fallut une v[illegible] des gens de l'art pour constater *qu'il n'existait sur l*[illegible]*rsonne du prévenu aucune trace de torture* (2).

---

(1) *Lyon* en 1817, 1re partie, pag. 28.

(2) L'ordre transmis à ce sujet par M. le Procureur-général à M. le Prévôt, de la part de son Excellence, est du 8 septembre. Le sieur Taisson, par suite de la bienveillance qu'il inspira à M. le Maréchal, trouva le moyen de se soustraire à la justice, et recouvra le même jour la vue, la raison et la liberté.

On eut moins d'égards pour nous que pour le sieur Taisson, moins d'égards que pour les conspirateurs les plus criminels. Ceux-ci, confrontés à leurs accusateurs et convaincus par de nombreux témoins, ne furent condamnés qu'après de longs débats, en présence des officiers envoyés, ce semble, par son Excellence, pour les protéger contre la rigueur du tribunal. Nous, nous fûmes jugés *persécuteurs* sur des rapports secrets, sans qu'on nous fît connaître aucun des griefs qui nous étaient imputés, sans qu'il nous fût permis de fournir les preuves de notre innocence, en un mot, sans avoir été entendus.

Une partialité si choquante nous détermina à adresser nos réclamations à Monseigneur le Ministre de l'intérieur, qui jusqu'alors n'avait parlé de nous à M. le Préfet que pour lui exprimer l'approbation donnée à notre conduite par Sa Majesté.

Son Excellence jugea d'abord à propos de faire informer sur les griefs que l'on nous imputait, et demanda en conséquence un *rapport* à M. le conseiller faisant les fonctions de Préfet du Rhône (1). Mais bientôt, et avant même que le rapport eût pu être fait, nous fûmes définitivement *révoqués de nos fonctions* par une décision dont le *considérant* portait d'une manière expresse que le *compte* demandé avait été *rendu* (2).

On sent de quelle importance il était pour nous de relever une erreur si grave. Elle fut constatée avec la dernière évidence par une lettre de M. le Préfet, en date du 26 octobre, dans laquelle il déclarait que « les ren« seignemens qu'il s'occupait à recueillir ne lui étant pas « parvenus encore, *il n'avait pu faire aucun rapport à son*

(1) Lettre de M. le conseiller de préfecture délégué, en date du 26 octobre 1817.

(2) *Ibid.* et arrêté du 21 octobre 1817.

« *Excellence;* qu'il ne pouvait attribuer l'énoncé de la « décision ministérielle, qu'à une erreur commise dans « les bureaux, et qu'il avait prié son Excellence de vou- « loir bien la faire rectifier. »

La rectification n'eut pas lieu, et les hommes dont les administrateurs révoqués avaient comprimé la révolte, se regardèrent dès-lors comme autorisés à se venger par des menaces et des outrages. M. Lezay de Marnézia, successeur de M. de Chabrol, reconnut lui-même que ces gens-là *avaient profité de cette circonstance pour faire éclater leur animosité;* et afin de prévenir de plus grands maux, il écrivit au commandant de la gendarmerie, pour que celui-ci ordonnât « aux brigades respectives, de faire « dans nos communes de plus fréquentes visites, de se « montrer toujours prêtes à maintenir envers tout le « monde l'empire des lois, d'informer contre ceux qui « les enfreindraient, de constater toute menace caracté- « risée, toute violence ou voie de fait, et de mettre l'au- « torité judiciaire en état d'en faire saisir et punir les « auteurs (1).

Ces mesures assuraient toute notre reconnaissance au Magistrat qui les avait prises; mais, comme je l'ai déjà dit, il s'agissait bien moins encore pour nous de la sûreté que de l'honneur, et aucune considération ne pouvait nous prescrire d'en faire le sacrifice.

Dans une pétition adressée à la chambre des Députés, en date du 17 novembre, nous exposâmes le détail des faits que je viens de rappeler succinctement, et nous la priâmes de vouloir bien intervenir, pour que l'enquête

---

(1) Lettre de M. Lezay-Marnézia, Préfet du Rhône, à M. le commandant de la gendarmerie, 6 novembre 1817. Cette pièce et les précédentes se trouvent à la suite de notre pétition du 17 novembre, et dans les Mémoires relatifs à l'affaire de Lyon.

ordonnée d'abord fût continuée, et que nous fussions mis en jugement.

La chambre, dans sa séance du 18 janvier 1818, accueillit nos réclamations, et renvoya notre supplique à Mgr. le ministre de l'intérieur, conformément à la demande que nous en avions faite. Satisfaits alors des premiers succès d'une démarche qui, si elle ne prouvait notre innocence, la faisait du moins présumer et montrait que nous ne craignions pas des juges, nous espérâmes qu'enfin notre administration serait examinée, et nous attendîmes avec résignation le moment que fixerait Son Excellence.

Ce moment n'était pas encore arrivé, quand l'écrit révolutionnaire de M. le colonel Fabvier, répandu à profusion dans nos campagnes, vint ranimer la discorde et provoquer spécialement contre les Maires destitués, la haine et la fureur des méchans. Des paysans qui d'abord s'étaient trouvés trop heureux d'avoir pu échapper au glaive des lois, et qui ne devaient ce bonheur qu'à l'humanité, à la pitié de leurs Magistrats, firent éclater une joie féroce. Voyant qu'ils avaient des apologistes jusqu'à la tribune (1), ils ne parlèrent plus de ces mêmes Magistrats que comme de leurs bourreaux.

Le colonel Fabvier, dans son libelle, outrageait toutes les autorités supérieures, excepté une seule, celle qui n'était pas à Lyon pendant les troubles. Voici en quels

(1) On ne saura jamais tout le mal que l'écrit de M. Camille-Jordan et celui de M. Fabvier ont fait dans les campagnes. Les vieux révolutionnaires, tous ceux que le désordre de leur conduite, leur impiété ou leur immoralité ont brouillé avec les honnêtes gens et avec leur curé, se sont imaginé qu'avec leurs nouveaux appuis, ils pouvaient tout insulter, tout braver. Le libelle de M. Sainneville a été moins dangereux; il est trop cher pour la canaille. Elle n'a pu s'autoriser que de son nom.

termes il calomniait les administrations municipales du département du Rhône :

« Les autorités municipales prenaient des arrêtés con-« traires aux lois, et condamnaient à l'emprisonnement « pour des faits qu'aucune loi ne considère comme « délits.

« Un aussi funeste exemple ne pouvait manquer d'être « suivi par les Maires des communes rurales ; aussi voyait-« on plusieurs de ces fonctionnaires oubliant leurs « devoirs et méprisant toutes les lois, administrer leurs « communes d'après leurs passions, imposer des amen-« des, des corvées ; et tel d'entr'eux, pour satisfaire sa « haine, disposer des propriétés particulières sur le plus « vain prétexte ; et par les insultes les plus graves, exciter « le mécontentement de ses administrés (1). »

Ces imputations étaient atroces ; mais comme elles ne présentaient aucun fait précis, comme personne n'était nommé ni même désigné, au lieu de répondre par des écrits, à l'exemple de M. de Chabrol et des autres personnes calomniées, les Maires jugèrent qu'il leur convenait de faire une nouvelle tentative auprès du Ministre. Par une lettre en date du 7 avril, ils mirent sous ses yeux les déplorables effets du libelle du colonel Fabvier ; et lui rappelant chaque accusation en particulier, ils le supplièrent avec instances de vouloir bien faire constater :

Si les Maires des communes rurales avaient oublié leurs devoirs ;

S'ils avaient méprisé toutes les lois ;

S'ils avaient administré leurs communes d'après leurs passions ;

S'ils avaient imposé des amendes, des corvées ;

Si tel d'entr'eux, pour satisfaire sa haine, avait dis-

(1) *Lyon* en 1817, pag. 10.

posé des propriétés particulières, sur le plus vain prétexte;

Si, par les insultes les plus graves, ils avaient excité le mécontentement de leurs administrés, etc.

Une réponse en date du 17 avril, nous apprit que son Excellence avait chargé M. le Préfet du Rhône *de nous donner connaissance des observations que lui avait suggérées notre Mémoire;* et le 22 du même mois, chacun de nous reçut de M. Lezay de Marnézia, une lettre de la teneur suivante :

« MONSIEUR,

« Son Excellence le Ministre d'État de l'Intérieur, qui a reçu le nouveau Mémoire de MM. les Maires révoqués en octobre dernier, tendant à ce que leur conduite soit soumise à une enquête solennelle, me charge de vous donner les observations dont cette demande a paru susceptible.

« Le Gouvernement est investi, par la loi du 28 pluviôse an 8, du droit de nommer et de révoquer à volonté les fonctionnaires de l'ordre administratif. Cette loi ne lui impose pas de mode ni de condition dans l'usage de cette faculté; et par conséquent, il peut s'abstenir, comme il l'a fait dans le cas particulier dont il s'agit, de faire une enquête préalable. En un mot, les fonctions administratives sont un mandat que le Gouvernement a le droit de donner ou de retirer à sa volonté, sans être obligé de rendre compte à qui que ce soit des motifs de ses déterminations.

« D'un autre côté, son Excellence observe que des révocations de cette sorte peuvent être prononcées pour des motifs de convenances générales, ou à cause de circonstances tout à fait étrangères à la conduite des fonctionnaires qui en sont l'objet; de telle sorte qu'elles ne peuvent porter atteinte à leur réputation, ni leur faire tort dans l'opinion publique, et que leur honneur n'est nullement intéressé dans ces mesures.

« D'après ces considérations, son Excellence me charge de vous prévenir qu'elle ne juge pas à propos de faire procéder à l'enquête demandée.

« Agréez, Monsieur, l'assurance de ma considération distinguée.

« Le Préfet du Rhône,

« *Signé* LEZAI-MARNÉZIA. »

En lisant cette lettre, dont le langage diffère un peu de celui que tient le chef d'Etat-Major de M. le Maréchal duc de Raguse, nous crûmes tous reconnaître la pensée du Ministre. Il nous parut évident que son Excellence n'aurait jamais pris la peine de faire adresser de pareilles observations à des Magistrats qu'elle eût jugés *persécuteurs*. Néanmoins, les armes que nous fournissait sa réponse, nous semblèrent trop faibles pour repousser complètement les diffamations dont nous étions chaque jour l'objet. L'erreur commise dans le *considérant* de l'arrêté du 21 octobre subsistait toujours, et nos détracteurs citaient sans cesse ce considérant comme un témoignage *officiel* contre nous. Nous tentâmes un dernier effort. Persuadés que M. le Préfet appréciant nos motifs, aurait assez de bienveillance pour les faire valoir lui-même auprès du Ministre, nous osâmes l'en prier par une lettre du 20 mai.

Son Excellence le Ministre de l'intérieur avait daigné répondre à notre première lettre. M. le Préfet ne jugea pas à propos de répondre à la seconde.

La publication de ces détails était nécessaire pour montrer qu'il n'a pas tenu à messieurs les Maires révoqués que leur conduite ne fût soumise à un examen sévère et rigoureux.

Elle était nécessaire pour confondre ceux qui, encore aujourd'hui, nous reprochent de n'avoir pas même, à l'exemple des autorités supérieures de ce département, écrit un seul mot pour notre justification.

Elle était nécessaire pour couvrir de honte ces colporteurs de mensonges, qui vont répétant par-tout que notre silence est une preuve péremptoire de nos torts.

La haine les aveuglera-t-elle encore au point de ne pas leur laisser voir que leur langage accuse ce même Gouvernement dont ils feignent si maladroitement depuis quelques mois d'admirer la sagesse? Si nos vexations ont mis le fer entre les mains des rebelles, si nous avons poussé des malheureux à des actes de désespoir dont les suites ont été l'exil ou la mort, qu'ils nous disent donc comment, sans se rendre fauteur de nos crimes, ce même Gouvernement, par l'organe du Ministre, nous fait dire que s'il ne juge pas l'enquête nécessaire pour notre révocation, c'est que « des révocations de « cette sorte peuvent être prononcées pour des motifs « de convenances générales, ou à cause de circonstances « tout à fait étrangères à la conduite des fonctionnaires « qui en sont l'objet; *de telle sorte qu'elles ne peuvent « porter atteinte à leur réputation, ni leur faire tort dans « l'opinion publique, et que leur honneur n'est nullement « intéressé dans ces mesures.* »

On saura désormais que nous avons épuisé les moyens de faire constater la vérité; on saura que si nous pouvions espérer d'obtenir une enquête, nous la demanderions encore.

Nous la demanderions! mais pourquoi nos accusateurs ne l'ont-ils pas demandée, lorsque, cités devant la Cour prévôtale, ils pouvaient excuser au moins leur rebellion par les prétextes qu'ils présentent aujourd'hui? Peut-être, diront-ils, que c'eût été irriter des juges déjà aigris et passionnés? Quelque fausse que soit cette raison considérée en elle-même; quelque absurde qu'elle soit, sur-tout dans la bouche d'hommes qui se voient condamnés à la mort, je consens à l'admettre; mais au moins, depuis qu'ils se sont sentis appuyés et soutenus par Mgr. le duc de Raguse, pourquoi n'ont-ils pas solennellement rendu plainte contre nous? Au lieu de se borner à des dénonciations clandestines qui n'ont eu que le stérile résultat de notre révocation, pourquoi ces gens *si grièvement insultés*, ces gens *des propriétés de qui nous avons disposé sous les plus vains prétextes*, ces gens à l'égard *de qui nous avons méprisé toutes les lois* (1), ne nous traînent-ils pas aujourd'hui devant les tribunaux? Nos personnes et nos propriétés sont là. Nous ne sommes plus sous une *administration malfaisante*. M. le Lieutenant du Roi *a tout remis dans l'ordre*. Pourquoi ne cherchent-ils pas à obtenir sur nous et sur nos biens un dédommagement plus réel des maux que nous leur avons faits? Pourquoi? Ah! il suffit de les connaître pour en savoir le véritable motif. C'est parce que tout ce qu'on a dit, tout ce qu'on a écrit, tout ce qu'on a imprimé en leur faveur n'a pu étouffer le cri de leur conscience; c'est parce qu'ils savent que la justice est rentrée en France avec Louis XVIII; c'est parce qu'ils savent que nous ne sommes plus à ces époques si chères à leurs souvenirs, où des tribunaux révolutionnaires eussent prononcé libéralement contre nous; c'est, en un mot, parce que leurs remords et l'équité des Magistrats les avertissent qu'ils seraient confondus.

Ici finirait ma réponse, si M. Fabvier, dans un nou-

---

(1) *Lyon* en 1817, pag. 28.

vel écrit, ne venait d'exposer quelques faits particuliers et plus précis à l'appui des imputations vagues que contient son premier libelle.

Cette fois, M. le colonel, pour me servir d'une de ses expressions favorites, n'accuse plus en *masse* messieurs les Maires révoqués. Je trouve dans un article séparé les causes pour lesquelles j'ai mérité la dénomination de *persécuteur*. J'y vois quels actes de mon administration ont déterminé Mgr. le duc de Raguse à prononcer ma révocation, comme une *satisfaction donnée aux persécutés*. Les voici :

« J'arrive dans la commune de Saint-Andéol; *l'adjoint* « *et la commune entière* se présentent et portent plainte « pour la dixième fois.

« L'adjoint, qui paye beaucoup plus de 300 francs « exigés, n'a pu parvenir à être porté sur le tableau des « électeurs, et c'est l'arbitraire d'un homme qui l'a privé « du plus beau de ses droits. *Tous les citoyens* ont été « accablés de taxes arbitraires, d'arrestations illégales.

« Un chemin dont la largeur avait été fixée à douze « pieds par un arrêté, a été porté jusqu'à vingt et trente, « tracé à fantaisie, dépeçant les propriétés sans aucune « indemnité. Ceux qui se plaignent d'un tel désordre sont « mis en prison; un membre du conseil municipal n'est « pas épargné.

« Etienne Colomban déclare qu'étant arrivé trop tard « à la corvée, il a été condamné à trois jours de travail, « à 12 francs d'amende, et à nourrir deux gendarmes en « garnisaires pendant plusieurs jours.

« MM. Chavannet et Baudet sont dans le même cas.

« On ajoute que, dans cette commune, la terreur qu'é- « prouvaient les habitans a étendu la prestation en na- « ture, jusqu'à faire rentrer *gratis* les moissons de quel- « ques particuliers.

« Le Roï ayant envoyé de sa cassette des secours aux « malheureux, St.-Andéol avait été porté pour 80 francs; « on se plaint de n'en avoir pas vu la répartition.

« Lors de l'arrivée des troupes après le 8 juin, « cinquante hommes ont été envoyés chez M. Railliart; « et malgré ses réclamations, malgré qu'il ne soit pas « même nommé dans aucune des recherches faites à « cette époque, il lui en a coûté pour ce séjour 1800 « francs, et 270 francs, sous prétexte de souliers à four- « nir aux troupes (1). »

Tels sont mes crimes.

M. Fabvier n'aime pas les Cours prévôtales. Pour moi, fort de la bonté de ma cause, je ne voudrais d'autre faveur que celle d'être jugé par un tel Tribunal, fût-il composé d'après les ordres de Mgr. le duc de Raguse, fût-il présidé par M. le chef de son Etat-major.

Privé de cet avantage, c'est devant le Tribunal de l'opinion, auquel je suis dénoncé, que je vais présenter ma justification. Je suivrai un à un les griefs qu'on m'impute. Le public décidera si la vérité se trouve du côté de mon accusateur.

1er GRIEF.

« J'arrive dans la commune de St.-Andéol; l'*adjoint* « *et la commune entière* se présentent et portent plainte « pour la dixième fois. »

Que les Magistrats qui les premiers après l'épouvantable désordre des cent jours, ont été chargés de faire respecter l'autorité du Roi dans les campagnes, eussent excité les plaintes des paysans dévoués la plupart à la cause de l'usurpateur, il n'y aurait pas là de quoi étonner; c'est le sort auquel durent s'attendre tous ceux que

(1) *Lyon* en 1817, 2e partie, pag. 32.

Sa Majesté honora de sa confiance à celte époque fatale; et plus que tout autre, en acceptant les fonctions de Maire, je m'y résignai moi-même. Je savais que la commune qui m'était confiée renfermait un grand nombre d'ouvriers ; qu'aux diverses époques de nos troubles, depuis 1793 jusqu'en 1814, la malveillance avait réussi sans peine à les égarer; que tout récemment encore, Barret, ce même chef qui depuis organisa l'insurrection du 9 juin, était parvenu à former une troupe de soixante-douze hommes pour marcher contre Mgr. le duc d'Angoulême, et que la plupart n'étaient rentrés dans leurs foyers qu'en maudissant le Gouvernement royal que l'on m'appelait à faire respecter (1). M'était-il permis d'espérer que de telles gens supporteraient mon administration sans se plaindre? Non. Aussi la résignation à ces plaintes fit-elle partie de mon dévoûment et de mon sacrifice.

Je rendrai néanmoins justice à Saint-Andéol; il s'y trouve encore plusieurs familles attachées à la légitimité, et certainement ce ne sont pas celles-là dont la voix s'est élevée contre moi. D'autres, sans opinion, et uniquement occupées de leurs travaux, se sont habituellement montrées indifférentes aux mouvemens politiques; celles-là encore ne se sont jamais plaintes de mon administration. Restent les agitateurs et ceux que leurs menées coupables ont égarés. Ce sont sûrement ces hommes qui, aux yeux de M. le colonel Fabvier, composent la *commune entière.* Toutefois, je suis bien aise de lui apprendre que, parmi ceux-là mêmes, il en est qui, loin de se *plaindre* de moi, proclament avec reconnaissance que je les ai sauvés du précipice dans lequel les avaient entraînés les factieux. Je ne connais que quatre hommes

(1) Le contrôle nominatif de ces 72 hommes a été trouvé chez Barret, lors de la visite faite chez lui après le 9 juin. Ce sont presque tous les mêmes hommes avec lesquels il a fait la dernière insurrection.

qui aient réellement élevé et renouvelé des plaintes contre moi. Ces quatre hommes sont-ils la *commune entière?* Je pourrais les nommer ; je m'abstiendrai de le faire. Je ne veux pas citer ici des noms qui rappelleraient les pillages, les sacriléges, les vols des jours de 93, jours pour lesquels M. le colonel a une si juste horreur.

IIe GRIEF.

« L'adjoint, qui paye beaucoup plus des trois cents « francs exigés, n'a pu parvenir à être porté sur le ta- « bleau des électeurs, et c'est *l'arbitraire d'un homme* « qui l'a privé du plus beau de ses droits. »

L'homme dont l'*arbitraire* a privé M. l'adjoint du plus beau de ses droits, semble ne pouvoir être que M. de Chabrol ou moi. Je vais démontrer que ce n'est pas moi ; et des preuves que je donnerai, il résultera également que ce ne saurait être M. de Chabrol ; mais, pour faire un peu de cour à M. le colonel, je ne finirai pas sans lui révéler le véritable coupable.

La contribution de 1816 fut indiquée par le Roi, comme devant servir de base à l'inscription de MM. les Electeurs de 1817. D'après cette règle, M. l'adjoint n'étant porté sur les rôles que pour la somme de 250 à 260 francs au plus, ne pouvait être inscrit. Cependant, dans le cours de l'année, il avait acquis de moi un terrain dont l'impôt, ajouté à celui qu'il payait déjà, portait sa cote à 302 francs et quelques centimes. Ce sont sans doute ces deux francs et quelques centimes de plus, qui font dire à M. Fabvier que son protégé payait beaucoup plus *des 300 francs exigés.*

D'après cette acquisition, M. l'adjoint aurait pu profiter des dispositions arrêtées par M. le Préfet, en date du 5 avril 1819, qui portent que « du moment où les « individus qui se présentent à l'inscription peuvent jus-

« tifier, par un acte authentique, que la propriété leur « appartient, et qu'ils en jouissent...., ils doivent jouir « des droits qu'elle leur donne. »

Mais il restait encore une difficulté, c'est que, par une nouvelle lettre de M. de Chabrol, en date du 26 avril 1817, il était enjoint aux Maires de ne compter au propriétaire l'impôt des portes et fenêtres, *qu'en ce qui concerne la maison* ou *l'appartement qu'il occupait*, et, à ce compte-là, M. l'adjoint perdait encore tout droit à l'inscription (1).

Je pourrais m'en tenir là, et laisser M. Fabvier et M. l'adjoint se débattre avec M. de Chabrol; mais je dois à la vérité de dire que ce Magistrat, en prescrivant à MM. les Maires les règles dont je viens de parler, était formellement autorisé par une décision de Mgr. le Ministre de l'Intérieur, en sorte que son Excellence est précisément l'*homme* dont l'*arbitraire a privé M. l'adjoint du plus beau de ses droits* (2).

IIIe GRIEF.

« *Tous les citoyens* ont été accablés de taxes arbi-« traires, d'arrestations illégales. »

La réfutation de cette imposture sera courte. Je n'ai jamais imposé une seule taxe. Si, par ce mot, M. le colonel, feignant de ne pas entendre le français, veut désigner les journées de travail, ou les amendes pour contravention aux lois, il trouvera en effet, non pas *tous les citoyens*, mais deux ou trois *mauvais* citoyens punis; et, en ce cas même, il reconnaîtra que l'indulgence du

(1) Je dénonce à M. le colonel Fabvier, M. Lezay de Marnézia, qui, par un arrêté du 7 juillet, vient de se montrer aussi *arbitraire* que M. de Chabrol, relativement à l'impôt des portes et fenêtres.

(2) *Voyez* Pièces justificatives, n° 1.

Magistrat a pris soin d'adoucir la rigueur de la peine qu'il avait le droit d'infliger.

Quant aux *arrestations illégales*, M. le colonel a voulu plaisanter, sans doute, lorsqu'il dit que j'en ai *accablé tous les citoyens*. Il n'y a pas de maison de détention à Saint-Andéol ; où aurais-je mis un si grand nombre de prisonniers? La vérité est que, à part ceux à l'arrestation desquels je n'ai pu m'empêcher de concourir à l'époque du 8 juin, sans désobéir aux ordres formels de l'autorité supérieure; la vérité, dis-je, est que, dans tout le cours de mon administration, je n'ai fait arrêter que deux personnes; la première, pour avoir répandu des nouvelles tendantes à exciter à la révolte, lors de l'insurrection de Grenoble ; la seconde, pour avoir affiché à la porte de l'église des placards injurieux, et troublé l'office divin; l'un et l'autre furent aussitôt remis entre les mains de la justice.

IVe GRIEF.

« Un chemin dont la largeur avait été fixée à douze « pieds par un arrêté, a été porté jusqu'à vingt et trente, « tracé à fantaisie, dépeçant les propriétés, sans aucune « indemnité. Ceux qui se plaignent d'un tel désordre sont « mis en prison; un membre du conseil municipal n'est « pas épargné. »

Il n'est pas d'imputation qui, plus que celle-ci, prouve la source impure à laquelle ont été puisés ces renseignemens. Ceux qui les ont transmis à M. le colonel, n'auraient pas agi autrement, s'ils eussent voulu le livrer à la risée publique.

Tous les habitans de Saint-Andéol et toutes les communes voisines attesteront, non seulement l'importance du chemin dont il s'agit, mais encore l'urgence des réparations, et la sagesse comme le désintéressement avec lequel elles ont été exécutées. C'est un des actes de l'administration auquel je m'honore le plus d'avoir pris part.

Le conseil de la commune, assemblé par ordre de M. le Préfet, le 20 janvier 1817, pour délibérer sur les chemins vicinaux, prenant pour base *ce qui avait déjà été statué sur ce point, le 7 juillet* 1806, arrêta que le chemin dont il s'agit aurait douze pieds, et que, de plus, dans les parties où l'écoulement des eaux exigerait des fossés, le terrain serait pris sur les fonds des propriétaires riverains. Il détermina en même temps les journées de travail, ainsi que la part qu'en devrait faire chaque habitant. Cette délibération fut approuvée par une décision de M. le Préfet, en date du 3 février 1817 (1).

La trace était fixée depuis long-temps; il ne s'agissait plus que d'assainir le chemin et de l'élargir. Pour cela, sans doute on dut, selon la belle expression de M. Fabvier, *dépecer les propriétés*, c'est-à-dire, prendre sur le terrain voisin de quoi fournir la largeur prescrite. Il faut que j'apprenne à M. le colonel que la première et la plus considérable des *propriétés dépecées* m'appartient. Pour ce *chemin de fantaisie*, je fus obligé de céder six pieds de largeur sur cinquante de longueur, et d'abattre un mur neuf, construit à chaux et à sable, le tout *sans indemnité*.

Quelques-uns se plaignirent sans doute; et qui ne se plaint pas en pareille occasion! mais ceux qui ont fait croire à M. le colonel qu'ils avaient été mis en prison, lui ont dit aussi la vérité en cette rencontre, que lorsqu'ils lui ont déclaré que j'avais *accablé d'arrestations illégales tous les habitans de Saint-Andéol*.

---

(1) *Voyez* Pièces justificatives, n° 2.

Au reste, je lui nommerai moi-même les plaignans. Ce sont le Maire actuel et le sieur Raillart, auquel il porte un intérêt si tendre.

La propriété du premier était bordée d'une haie qui gênait l'alignement; il fallait ou détruire cette haie, ou abattre les maisons du côté opposé. Je crus ne devoir pas plus d'égards à M. Petit-Pierre qu'à moi-même. La haie fut abattue, mais le chemin, en cet endroit, n'a pas plus de treize à quatorze pieds, en y comprenant les fossés prescrits par l'arrêté du Conseil.

Le sieur Raillart a en apparence plus de raison de se plaindre; il lui a été enlevé dix-huit pieds de terrain; mais, pour consoler M. Fabvier, dont le cœur sensible ne peut souffrir une injustice, je lui dirai que la propriété du sieur Raillart est un bien que la *nation* lui a vendu par acte reçu Lecourt, notaire, le 12 avril 1791, *à la charge par l'acquéreur de fournir dix-huit pieds pour le chemin* dont l'administration du temps avait conçu la *fantaisie*.

Je n'insiste pas davantage. Il n'est pas de fait plus aisé à constater que l'état *de la voie publique*. Si jamais M. le colonel vient à Saint-Andéol voir les bons amis qu'il s'y est fait, il reconnaîtra la chose par lui-même. Quant aux lecteurs qui n'ont pas de motifs pour visiter les *persécutés*, ils se contenteront volontiers, j'espère, de la déclaration d'un inspecteur des chemins vicinaux (1).

Ve GRIEF.

« Etienne Colomban déclare qu'étant arrivé trop tard « à la corvée, il a été condamné à trois jours de travail, « à 12 francs d'amende, et à nourrir deux gendarmes « en garnisaires pendant plusieurs jours. »

---

(1) *Voyez* Pièces justificatives, n° 3.

« MM. Chavannet et Baudet sont dans le même cas. »

Et moi je déclare qu'Etienne Colomban n'est pas arrivé trop tard à la corvée, qu'il n'a pas été condamné à trois jours de travail, à douze francs d'amende, et à nourrir deux gendarmes en garnisaires pendant plusieurs jours, et que MM. Chavannet et Baudet ne sont pas dans le même cas.

Etienne Colomban, commandé pour les chemins, en vertu de l'arrêté de M. le Préfet, s'y présenta en même temps que les autres; mais il disparut une heure après. Deux fois l'ordre de reprendre son travail lui fut signifié *par écrit*, deux fois il refusa d'obéir; et je me vis forcé d'envoyer *un* gendarme dans son domicile, en qualité de garnisaire; Colomban se débarrassa de cet hôte incommode le *jour même*, moyennant trente sous.

Conformément au réglement arrêté par M. le Préfet, il fut condamné à une amende de six francs, dont le montant, versé entre les mains du trésorier, se trouve compris dans la comptabilité relative aux chemins.

Il n'existe point de Chavannet dans Saint-Andéol.

Baudet, coupable de négligence, ne paya qu'une demi-journée de travail, sur la promesse faite par lui d'être plus exact le lendemain; promesse qu'il exécuta fidèlement.

VIe GRIEF.

« *On* ajoute que, dans cette commune, la terreur qu'é-
« prouvaient les habitans, a étendu la prestation en na-
« ture, jusqu'à faire rentrer gratis les moissons de quel-
« ques particuliers. »

Je n'ai qu'un mot à dire. J'ai pour M. le colonel tous les sentimens qu'il inspire, mais *On* est un effronté, un impudent menteur. J'invoque là-dessus le témoignage de *tous* les citoyens de Saint-Andéol, sans aucune distinction d'opinion.

VIIe GRIEF.

« Le Roi ayant envoyé de sa cassette des secours « aux malheureux, Saint-Andéol avait été porté pour « 80 francs. *On* se plaint de n'en avoir pas vu la répar- « tition. »

Ce *On* était tout à l'heure un menteur, maintenant c'est un aveugle.

L'arrêté de M. le Préfet, en date du 17 janvier 1817, porte que les secours envoyés aux communes rurales seront appliqués à payer les pauvres qui devront travailler à la confection des chemins vicinaux; et telle a été la destination des 80 francs accordés par Sa Majesté. La preuve s'en trouve dans les registres de la comptabilité des chemins, et *On* l'aurait vue, si *On* savait lire.

VIIIe GRIEF.

« Lors de l'arrivée des troupes après le 8 juin, cin- « quante hommes ont été envoyés chez M. Raillart; et « malgré ses réclamations, malgré qu'il ne soit pas même « nommé dans aucune des recherches faites à cette épo- « que, il lui a coûté pour ce séjour 1800 fr. et 270 fr., « sous prétexte de souliers à fournir aux troupes. »

Un ordre de M. le Préfet enjoignait aux Maires des communes dans lesquelles la révolte avait nécessité l'envoi des troupes, de faire peser les principales charges sur les plus riches d'entre les rebelles. C'est d'après cette disposition, dictée par la justice, que les 50 hommes dont parle M. le colonel ont été envoyés chez celui qu'il appelle M. Raillart. La conduite de cet homme au 8 juin a répondu à celle qu'il a tenue en 1793, et pendant les cent jours. Non seulement il montra personnellement le plus grand zèle pour le succès de l'insurrection; mais son fils, demeurant et travaillant avec lui, prît la part la plus active à la revolte; il fut du nombre de ceux qui vinrent m'assaillir dans mon domicile, et m'enlever les fusils de munition dont j'étais dépositaire.

Ce n'est pas en s'adressant à des gens parmi lesquels figuraient mes assassins, que M. le colonel aurait pu recueillir ces détails.

Il existe au greffe de la Cour prévôtale, dix pièces au moins, ou, pour parler le langage de M. Fabvier, *dix recherches* dans lesquelles se trouve *nommé* le sieur François Raillart.

Sans aller si loin, M. Cognat, l'adjoint en qui M. le colonel a une si grande confiance, aurait pu lui dire toute la vérité; car certainement M. Cognat est trop honnête homme pour nier qu'il ait signé avec moi, le 9 juin, au matin, une *recherche* intitulée : *Procès-verbal de la sédition de Saint-Andéol*, dans laquelle le sieur François Raillart est le vingt-huitième inscrit sur la liste des rebelles.

Faut-il à M. Fabvier une *recherche* plus positive encore? Qu'il demande à M. François Raillart lui-même si, le 14 juin, il n'a pas signé de sa propre main un interrogatoire dans lequel il avoue qu'il « descendit « avec la foule dans mon domicile, qu'il reçut un fusil « du nommé A. C., fils aîné, qu'il se rendit sur la « place, et de-là alla avec les autres aux *Echirés*, et « qu'il resta avec les insurgés jusqu'au moment où l'at- « troupement fut dissipé par la force armée de Mor- « nant. » Cette pièce se trouve au greffe de la Cour prévôtale; mais, par un bonheur plus grand que je ne l'imaginais alors, j'ai eu soin de me réserver une copie des actes principaux auxquels j'ai apposé ma signature, et je puis procurer à M. le Colonel le plaisir d'en lire un extrait, sans sortir de Paris (1).

(1) *Voyez* Pièces justificatives, n° 4.

Voilà les *faits* ou les *recherches* relatives au sieur Raillart. Il est vrai qu'il n'a pas paru sur les bancs des accusés, où il eût pu subir une peine bien autrement rigoureuse que celle de nourrir cinquante hommes. Ce qui l'a préservé de ce malheur, c'est sa docilité à obéir aux sommations du Commandant militaire ; c'est le repentir exprimé par le père et le fils ; ce sont d'autres raisons que j'omets d'autant plus volontiers, que mon unique but est de repousser la calomnie, et non pas de convaincre un de mes concitoyens d'ingratitude.

Il est faux, au reste, que les cinquante hommes envoyés chez le sieur Raillart lui aient coûté 1800 fr. Ces hommes ne firent que se rafraîchir ; quelques heures après ils partirent pour une autre destination ; et dès lors il ne logea que sept à huit soldats d'infanterie et de cavalerie.

Quant à la fourniture de souliers, la réquisition qui en fut faite est un acte auquel je suis absolument étranger. Il en coûta, dit M. Fabvier, 270 fr. sous ce prétexte : c'est une partie de la vérité. Si M. le colonel eût dit que M. le Lieutenant-Général Canuel et M. le Préfet avaient très-fortement improuvé cette réquisition faite par un officier de la ligne, s'il eût ajouté que le colonel duquel dépendait cet officier en avait remboursé le montant, il eût dit la vérité toute entière.

Il reste un dernier grief que M. le colonel ne m'impute pas, il est vrai, directement, mais dont ses échos m'ont plusieurs fois accusé, et auquel je dois une réponse ; c'est celui qui concerne le désarmement.

IXe GRIEF.

« J'ai dit que non seulement on avait exécuté le « désarmement d'une manière arbitraire, et avec une « rigueur illégale, mais que des particuliers avaient dû

« acheter des armes pour les livrer. On a nié ces faits.
« Le bourg de Brignais l'attestera en masse, lui à qui
« il en a coûté 800 fr. »

On a nié ces faits, on les niera encore.

Le 13 juin, M. le Préfet du Rhône prit un arrêté motivé sur l'ordonnance du 24 juillet 1816, et enjoignit aux Maires de faire rentrer les *armes de guerre*, de faire également saisir à domicile les *armes autres que celles de guerre*, sauf les exceptions déterminées par la loi. Cet arrêté n'accordait pour tout délai que *vingt-quatre heures*. Il était recommandé *à tout notre zèle, à tout notre dévoûment.*

Une lettre du 14 juin nous avertissait *encore* que l'exécution de l'arrêté ci-dessus devait être *prompte et entière*. « Je n'admettrai, disait M. le Préfet, ni excuse ni atermoiement; l'intérêt de l'ordre public me le commande; et l'intérêt de ceux de MM. les Maires qui se sont trouvés dernièrement exposés à des dangers qu'ils ont su affronter avec courage, m'en fait un devoir. »

Cependant, après des recommandations si réitérées, après des instances si vives, le 23 juin, M. de Chabrol fut obligé de revenir à la charge, et de rappeler aux fonctionnaires publics qu'on avait voulu les assassiner; *que les fonctions publiques qu'ils remplissaient demandaient, indépendamment de la reconnaissance de l'autorité, une entière sécurité pour leurs personnes.*

« Je vous engage, ajoutait-il, à seconder par tous les moyens qui sont en votre pouvoir, les chefs des détachemens qui se transportent dans les communes. »

« En concourant de tout votre zèle à l'opération du désarmement, en signalant les récalcitrans, en les désignant à l'autorité, en rendant enfin cette opération plus rapide et plus prompte, vous ferez le bien de vos communes, et vous concourrez puissamment au succès d'une mesure qui doit assurer votre repos. »

Est-ce ainsi, je le demande, qu'on écrit à des Magistrats qui ne se signalent que par l'*arbitraire* et par une *rigueur illégale?* Est-ce ainsi sur-tout qu'eût écrit un homme distingué par l'extrême modération de son caractère?

A deux époques différentes, d'après les arrêtés de M. le Préfet, le désarmement a été opéré dans St.-Andéol. Cette mesure a fait rentrer en deux fois plus de cent vingt fusils de calibre. Le délai fixé pour la remise était de 24 heures. Le plus grand nombre a été livré dans le terme prescrit. « Nous avons été obligés d'en acheter, me disaient quelques-uns, » et il est à remarquer que c'étaient les plus révolutionnaires. Qui vous les a vendus, répliquais-je? Et ma question demeurait sans réponse. Qui aurait pu en effet les leur vendre? La manufacture de St.-Etienne? Mais se fût-elle ainsi exposée, dans de telles circonstances sur-tout, à encourir les peines portées par les lois? Des armuriers particuliers? Mais il n'en existe pas dans St.-Andéol ni dans les environs. Croit-on que la cupidité, que l'espoir d'un faible profit les eût déterminés à violer leurs obligations, et à se compromettre pour des paysans qui, d'un moment à l'autre, pouvaient avoir à justifier leur conduite devant les Magistrats?

Et puis, pour arriver à St.-Etienne ou chez des armuriers, il fallait absenter au moins un jour, il fallait avoir obtenu une autorisation d'autant plus nécessaire alors, que les absens étaient réputés rebelles. Dans les trois jours pendant lesquels se prolongea le désarmement, c'était un crime de se trouver hors de la commune. La surveillance à cet égard était assez active. Comment donc aurait pu se faire, au milieu de tant de dangers, un achat d'armes, qui n'est pas sans difficulté dans un temps ordinaire?

Je le demande d'ailleurs à M. le colonel Fabvier; quand l'autorité supérieure a jugé à propos de désarmer les citoyens, si celui qui se voit forcé d'apporter une arme, déclare qu'il a été obligé de l'acheter, le magistrat est-il tenu de croire une pareille assertion ? En ce cas, il n'y aura jamais de désarmement.

Je n'ai pas le talent de M. le colonel, et moins encore ceux de Mgr. le maréchal ; mais s'il était permis à un Maire de campagne de se supposer un instant un chef d'état-major, ou lieutenant du Roi, envoyé dans un département pour y réprimer des désordres tels que ceux dont il s'agit, je dirais que certainement avant la fin de ma mission, j'aurais exigé de ceux qui auraient prétendu avoir été réduits à acheter des armes, qu'ils me fissent connaître les vendeurs, et ceux-ci eussent été livrés à la rigueur des lois (1).

---

(1) M. Figurey, ancien Maire de Brignais, instruit que j'allais publier la justification de ma conduite administrative, m'a fait l'honneur de m'adresser la lettre suivante :

Lyon, le 1er juillet 1818.

LE MAIRE RÉVOQUÉ DE LA COMMUNE DE BRIGNAIS,

A Monsieur le Maire révoqué de la commune de Saint-Andéol.

MONSIEUR,

Je suis informé que vous vous proposez de répondre aux mensonges du colonel Fabvier ; comme ce qui concerne la commune que j'ai eu l'honneur d'administrer après les cent jours, jusqu'à l'arrivée du duc de Raguse, est d'une très-petite importance, je n'écrirai point, mais je déclare, pour rendre hommage à la vérité, qu'il est faux que la commune de Brignais ait acheté des fusils lors du désarmement ; que ceux qui ont été rendus bénévolement ont été payés d'après le tarif établi par M. le comte de Chabrol ; que ceux qui ont été enlevés aux récalcitrans par M. le Commissaire délégué par M. le Préfet, étaient bien entre les mains des détenteurs, qui ne les ont point acheté, qui ne pouvaient point les acheter, attendu qu'aucun marchand ne pouvait en vendre, et que, quelque part qu'ils fussent ailleurs, ils appartenaient au Gouvernement, à qui ils avaient été dérobés, de telle ou

Pour faire peser plus particulièrement sur les Maires des campagnes les prétendus torts d'une administration présentée comme *malfaisante*, M. le colonel, avec le ton de supériorité d'un protecteur, offre à M. de Chabrol de honteux moyens d'excuse que repoussent également et la vérité des faits et les nobles sentimens de ce Magistrat. « Je conseille, dit-il dans son nouveau libelle, je conseille à M. de Chabrol de ne pas insister pour supporter sa part de la responsabilité. On ne le voudra pas; on aimera mieux croire qu'il a été faible et entraîné, que constamment relégué au fond de son cabinet; *il a dû ignorer le mal qui se faisait sous son autorité*, et qu'un peu de surveillance aurait arrêté. »

M. de Chabrol n'a certainement pas besoin que je relève l'indécence avec laquelle un homme aussi ennemi de la vérité qu'étranger aux détails des fonctions civiles, ose calomnier l'administration la plus vigilante et la plus modérée qu'ait eue le département du Rhône. Mais je dois rendre hommage au zèle éclairé, actif, infatigable d'un fonctionnaire qui s'appliqua constamment à rechercher les nombreuses causes de trouble que recélait le département, qui ne cessa de réprimer les désordres sans distinction d'opinions ou de partis, et dont la surveillance nous eût sauvés, si elle eût servi de modèle à celui que sa place à Lyon appelait plus

---

telle manière qu'il est inutile d'expliquer, mais que le colonel Fabvier connaît très-bien.

Au surplus, je déclare que je n'ai pas même le mérite d'avoir exécuté en cette circonstance les ordres sages de M. de Chabrol. On a bien voulu m'épargner la peine de tous les désarmemens. Je ne me donne pas pour avoir opéré tout le bien qui s'est fait; mais j'affirme, contre l'assertion du colonel, que je dis la vérité, ce que je lui prouverai quand et comme il le voudra.

J'ai l'honneur d'être révoqué comme vous.

Signé, Fiouzzy.

particulièrement à prévenir les conspirations et les complots.

Aucun Préfet mieux que M. de Chabrol ne sut tout ce qui se passait dans son département. En ce qui me concerne, il n'est pas un seul acte un peu important de mon administration qu'il ne connût. Ses arrêtés me servirent toujours de guides; et quant aux cas particuliers où j'ai pu me trouver, je donne à M. le colonel Fabvier le défi de citer aucun fait que je ne sois en état de justifier par des lettres de l'autorité. Sous ce rapport, la responsabilité pèse beaucoup moins sur moi que sur mes supérieurs immédiats, comme elle pèse moins encore sur ceux-ci que sur les premiers dépositaires du pouvoir, dont ils furent exacts à suivre les instructions et les ordres.

Le lecteur impartial sait maintenant à quoi s'en tenir. Il sait si je suis un de ces persécuteurs à qui il *fallait inspirer une crainte utile*, un de ces persécuteurs dont la révocation était nécessaire pour *donner quelque satisfaction aux persécutés*.

Si les correspondans qui ont donné à M. le colonel des renseignemens sur les autres parties du département du Rhône, ressemblent à ceux qui lui ont fourni les griefs dont on vient de voir la réfutation, je le dis, sans crainte de me tromper, le Gouvernement trouvera chez M. Fabvier la liste la plus complète des conspirateurs ou de leurs affidés.

Peut-être cependant quelques-uns de ces hommes qui sont dans l'habitude de crier *à la persécution* pour peu qu'un fonctionnaire fidèle montre de sévérité contre les ennemis du Roi, affecteront-ils encore des incertitudes et des doutes?

A ceux-là, à ces prétendus bons Français qui osent parler de leur dévoûment pour le Roi, tout en se vantant d'avoir paru avec la cocarde *tricolore* aux champs de Waterloo, je pourrais d'abord faire cette question : Si au temps de Buonaparte les royalistes de St.-Andéol eussent levé l'étendard, sonné le tocsin, assassiné le Maire, proclamé la chute du Gouvernement et marché sur les communes voisines sous la bannière des lis, eût-il suffi, pour excuser les insurgés, que quelques mois auparavant le Maire buonapartiste les eût fatigués (ce que je n'ai pas fait) par un chemin tracé à fantaisie, par deux ou trois amendes, par un envoi de quelques garnisaires? Ces Messieurs se garderont bien de faire une réponse affirmative; on sait trop ce qu'il en coûtait du temps de leur héros, à toute commune, à tout individu qui paraissait se souvenir du légitime Souverain.

Mais j'ai à leur présenter des raisons plus concluantes pour eux. Il y a quelques mois, je croyais encore qu'une obéissance lente, une obéissance imparfaite, une condescendance contraire aux ordres de l'autorité, pouvait exposer au blâme, et peut-être même à la destitution. Aujourd'hui qu'une telle conduite, aux yeux des faiseurs de libelles, est une vertu, et que dans le cas particulier dont il s'agit, elle paraît n'être pas un crime bien grand aux yeux du Gouvernement; aujourd'hui, dis-je, à notre honte ou à notre gloire, selon l'opinion des lecteurs, voici la vérité toute entière :

Il est certain qu'avant le 8 juin et après cette fatale époque, quelques ordres un peu sévères ont été exécutés avec *molesse* et *condescendance;* bien que M. le Préfet du Rhône, à qui il était de notre devoir d'obéir, nous avertît, non sans raison, que *par la condescendance la loi perd sa force et l'ordre public est compromis* (1).

Pour les temps antérieurs à l'insurrection, la preuve

(1) Lettre de M. le Préfet du Rhône, en date du 14 juin 1817.

officielle de ce que j'avance se trouve, entr'autres, dans la lettre de M. de Chabrol, en date du 14 juin, que j'ai déjà citée. Cet administrateur, après avoir rappelé son arrêté du 7 août de l'année précédente, relatif à l'ordonnance du Roi sur le désarmement, nous adressait les reproches suivans :

« Si cette ordonnance eût reçu *sa complète exécution*, nous n'aurions pas vu des bandes de séditieux se présenter armées contre les troupes du Roi, et porter la terreur dans l'âme des honnêtes gens, en faisant entendre des cris de mort et de pillage. »

Pour les temps postérieurs au 8 juin, que les misérables qui nous outragent lisent la lettre que voici ; qu'ils songent qu'à l'époque où les Maires la reçurent, ils avaient à craindre que leur conduite, considérée comme l'effet de la *malveillance* et *de la faiblesse*, ne les fît passer pour de mauvais serviteurs du Roi ; et qu'ils parlent encore, s'ils l'osent, de persécutions contre nos administrés.

Lyon, le 23 juin 1817.

« Monsieur le Maire, je suis prévenu que dans quelques communes, des certificats ont été délivrés, soit par des habitans, soit même par des Maires, à des individus qui avaient pris une part plus ou moins active aux troubles qui ont éclaté dans ce département.

« *Une telle conduite ne saurait être excusable. Elle ne peut avoir pour cause que la faiblesse ou la malveillance.* L'autorité doit se tenir en garde contre l'une et l'autre. Je vous invite, monsieur le Maire, si des certificats vous étaient demandés par des habitans de votre commune, à ne les leur délivrer que lorsque vous serez bien certain qu'ils n'ont trempé pour rien dans les évènemens. S'il y a du doute, le certificat ne doit point être accordé. Je vous préviens que je serai moi-même très-sévère dans l'examen de ceux qui pourraient m'être présentés. *J'ai déjà eu occasion de m'apercevoir souvent de la légèreté avec laquelle ces sortes de pièces sont délivrées par ceux-là même qui professent les principes du royalisme le plus pur.*

« Veuillez agréer, monsieur le Maire, l'asssurance de ma considération distinguée.

« Le Conseiller d'Etat, Préfet du Rhône,

« *Signé* le comte CHABROL. »

Je dois dire la vérité. Cette lettre me concerne moins que d'autres. Je n'ai pas donné de certificats, mais j'ai eu le mérite ou la *faiblesse* de faire plus. Dans une commune qui, comme je l'ai déjà dit, comme les procès-verbaux le prouvent, a fourni à l'insurrection cinquante à soixante factieux; dans une commune où j'ai vu les baïonnettes croisées sur ma poitrine, où, luttant corps à corps contre mes assassins, je n'ai pu échapper qu'en les terrassant, réduit à la cruelle nécessité de déclarer les coupables, j'ai cependant contribué à en soustraire à la justice plus qu'elle n'en a frappé. Je nommerais, s'il le fallait, quinze hommes au moins qui me doivent de n'avoir pas paru sur le banc des accusés. Ces hommes l'attesteront eux-mêmes, si toutefois l'écrit de M. le colonel, ou, comme le disent nos paysans, *la loi Fabvier* ne leur a pas fait oublier qu'ils sont venus dans mon domicile m'en témoigner leur reconnaissance.

Quand je tenais cette conduite, la seule précaution que je crusse nécessaire, était celle de la cacher sous le dehors de la sévérité. Personne alors ne m'accusait de *persécution*, et l'autorité me proclamait digne de la croix d'honneur. J'étais loin de penser à me procurer des *pièces justificatives*, afin de prouver un jour que j'aurais pu mieux faire mon devoir; toutefois j'en trouve encore assez dans mes papiers pour confondre les prétendus *persécutés* et leur digne patron.

Que les hommes qui visitent les prisons, qui courent nos campagnes pour acheter le mensonge et l'ingratitude, aillent demander au sieur Guillot, amnistié par Sa Majesté, à qui il doit de vivre encore; et s'il nie que ce soit à moi, voici ce que je montrerai :

Maison de détention Saint-Joseph, le 12 septembre 1817.

« Monsieur le Maire,

« C'est du sein de la captivité que je me permets de vous adresser ma faible voix pour solliciter votre protection, et vous adresser les hommages d'un cœur reconnaissant *pour l'immortel bienfait que vous avez bien voulu m'accorder, celui de me sauver la vie.*

« Quoique sous tous les rapports, monsieur le Maire, le triste état où me réduit une pénible détention, soit plus pénible que *celui d'où par intérêt pour moi et ma famille vous avez bien voulu me sauver, je ne dois pas moins vous en témoigner toute ma reconnaissance, me recommander à votre générosité, etc.*

« *Signé* GUILLOT. »

Que les mêmes hommes viennent à Saint-Andéol, qu'ils interrogent le sieur Besson et le sieur Lagier; qu'ils leur demandent qui les a tirés des cachots; et si ceux-ci se taisent, la lettre suivante parlera pour eux :

Lyon, le 6 juillet 1817.

« Monsieur le Maire,

« Je mets en liberté, *sur votre réclamation*, les nommés Besson et Lagier. Ces deux individus *ne sont pas innocens de ce qui s'est passé dans la journée du* 9; mais ils sont sur-tout coupables d'être venus faire une fausse déposition devant la Cour. Leur conduite future vous prouvera s'ils sont dignes de l'indulgence *que vous avez obtenue pour eux.* Expliquez-leur bien que leur liberté cessera aussitôt que vous porterez contre eux quelque plainte.

« J'ai l'honneur de vous saluer,

« *Signé* chevalier DESUTTES. »

Je n'ai point rangé au nombre des griefs auxquels j'eusse à répondre, le reproche fait à quelques maires d'être des *hommes signalés à une époque terrible* (1). Simple particulier jusqu'en 1814, je n'ai commencé à exercer des fonctions publiques que depuis le retour de Sa Majesté. Je ne suis ni noble ni émigré. Dans tout le cours de nos troubles politiques, il ne m'est arrivé aucun de ces évènemens qui compromettent un citoyen avec ses citoyens; aucuns de ces évènemens qui forcent un homme à quitter un pays ou à *changer de nom;* en un mot, je n'ai rien de commun avec cette clase de gens que M. Fabvier accuse d'avoir d'*anciens torts à faire oublier*, ou des *passions personnelles à satisfaire* (2). Mais les plus forcenés d'entre ceux auxquels, le 9 juin, je disputai ma vie, les plus zélés à colporter aujourd'hui la *loi Fabvier*, se sont certainement *signalés à une époque horrible.* Si c'est bien sincèrement que M. le colonel a en horreur les hommes de cette époque, je suis sûr, en finissant, de lui inspirer un sentiment d'intérêt et de bienveillance. Ces gens-là ont obtenu une partie de ce qu'ils voulaient le jour qu'ils m'assassinèrent; ils ont pour maire un des leurs : le digne magistrat qui m'a succédé, est le maire de 1793.

De M. Fabvier je passe à M. Sainneville, et je n'aurai

(1) *Lyon* en 1817, 2e partie, pag. 20.
(2) *Ibid.*

pas plus de peine à confondre les impostures de l'un, que je n'en ai eu à faire justice des griefs de l'autre. Le lecteur remarquera sans doute, que lors même que tout ce que le Lieutenant de police va alléguer serait vrai, ce qu'a avancé le colonel n'en serait pas moins un tissu de calomnies. Sous ce rapport, tout ce que j'ai dit suffit, ma justification; mais, acteur et témoin dans les faits dont il s'agit, je dois à la reconnaissance pour ceux qui nous ont sauvés, je dois à la justice de rendre hommage à la vérité, et je la dirai un peu mieux que ces hommes qui, placés à cent lieues du théâtre des évènemens, ne sont venus la recueillir que de la bouche de ceux qu'elle pouvait compromettre.

1re IMPOSTURE.

« A Saint-Andéol, village qui compte beaucoup d'ouvriers chapeliers (1), les séditieux n'étaient qu'au nombre de vingt (2). »

Les procès-verbaux du 9 juin, signés de mon adjoint et de moi, les interrogatoires subis par les rebelles devant le commandant militaire, à Saint-Andéol, les aveux de plusieurs autres coupables devant la Cour prévôtale à les divers renseignemens que j'ai recueillis dans le temps, tout s'accorde à porter leur nombre de cinquante à soixante; mais quand on ne s'en tiendrait qu'à la liste *nominative* qui fut dressée le jour même, dans un moment où il était impossible de n'en pas omettre plusieurs; quand on ne s'en tiendrait qu'aux déclarations consignées dans l'interrogatoire du sieur Raillart, dont M. Fabvier m'a forcé de parler plus haut, il y en aurait encore trente-huit. Je les nommerai, si on m'y oblige; et les malheu-

(1) *Compte rendu*, pag. 80.
(2) *Idem*, pag. 139.

reux s'en prendront à M. Sainneville de la honte d'une telle révélation.

IIe IMPOSTURE.

« Les insurgés, peu nombreux, firent deux cents pas en avant de cette commune, s'arrêtèrent pendant assez long-temps dans un champ, sans aucun dessein fixe ; ils aperçurent au loin la garde nationale d'un village voisin, qui marchait contre eux; ils se dispersèrent aussitôt (1). »

A voir le ton leste avec lequel M. le Lieutenant de police fait sa narration, on dirait qu'il a tout vu, tout entendu, tout vérifié, et qu'il ne s'agit presqu'ici que d'une simple promenade, déconcertée par l'arrivée imprévue des habitans d'un village voisin.

Il est assez constant, ce me semble, que tandis que monsieur le narrateur était à Paris, j'étais à Saint-Andéol. Le témoignage d'un homme qui a failli payer de sa vie la vue des faits qu'il raconte, équivaudra sans doute, pour bien des gens, à celui d'un Magistrat si loin de son poste; ceux qui ne s'en contenteraient pas, peuvent voir les procès-verbaux signés par mon adjoint, et la procédure de la Cour : les pièces sont encore là.

Dès le matin du 9, douze d'entre les conjurés ayant la cocarde tricolore, et tous armés de fusils de calibre, s'étaient emparés des deux portes de l'église, et en défendaient l'entrée; d'autres étaient au clocher, sonnaient le tocsin, et se reprenaient alternativement.

Au premier son de la cloche, je vole à l'église, et je somme les rebelles de quitter les signes de la révolte, et de se retirer. « Nous ne vous reconnaissons plus pour Maire, me répondent les factieux ; le Gouvernement est changé : nous n'avons plus d'ordre à recevoir

(1) *Compte rendu*, pag. 139.

de vous. » J'affecte de supposer qu'ils ne sont qu'égarés, et j'essaie de les ramener par mes représentations; tout est inutile. Je tente alors de me faire jour au milieu d'eux, afin d'arriver dans l'église et d'arrêter le tocsin; quatre hommes croisent la baïonnette sur ma poitrine; j'en renverse deux, et je me précipite vers la porte intérieure qui conduit au clocher. Elle était gardée par une sentinelle, qui, à son tour, me présente la baïonnette : je prends cet homme à la gorge; mais ses complices accourent, me font lâcher prise, et me soulevant comme un fardeau, ils m'emportent et me jettent hors de l'église.

Ceci se passait à la petite porte.

Trop peu maître de moi pour sentir le danger et l'inutilité de mes efforts, je cours à la grande porte faire une nouvelle tentative; cette fois les mêmes individus me couchent en joue, me déclarent *qu'ils ont des ordres de leur chef*, et que *si je fais un pas, je suis mort*. Je m'arrête à ces mots, et je leur demande le nom de celui qui les commande : ils me nomment *Aimé Barret*.

A l'instant, je vais à la recherche de ce misérable; je le découvre et le saisis; j'allais le terrasser, quant tout à coup je me vois entouré de ses gens, qui me font prisonnier. Quatre d'entr'eux me reconduisent chez moi, et s'y établissent en faction.

Quelques minutes après, trente à quarante hommes, avec leur cocarde tricolore, et armés, pour la plupart, de fusils, de sabres et de pistolets, assaillent mon domicile, et me somment de leur remettre six fusils de calibre que m'avait confiés M. le Préfet pour le service de la commune. Je brave leur fureur, et leur déclare qu'ils me mettront en pièces plutôt que de me faire commettre une pareille lâcheté. *Les Bourbons ont fait leur temps; c'est le nôtre* : tels étaient les cris qui se mêlaient aux menaces de ces forcenés. Ma femme, effrayée des dangers auxquels elle me voit exposé, est sourde à mes représentations : malgré moi elle va elle-même chercher les fusils, et les remet aux factieux, qui les emportent en triomphe (1).

Qu'eussent fait à ma place, dans ces diverses situations, le courageux M. Fabvier, le brave M. de Sainneville? Je l'ignore; mais je ne doute point que les auteurs des désordres qu'on vient de lire, ne leur eussent paru avoir *un dessein fixe* (2).

En même temps que ces scènes se passaient chez moi, d'autres conjurés se portaient à la Levretière, à un quart de lieue de Saint-Andéol, et allaient désarmer MM. Desmarets et Fillon, membres du conseil.

D'autres encore, sur la route opposée qui conduit à Mormant, poursuivaient mon adjoint, qui avait pris la fuite, l'atteignaient, le ramenaient au village, faisaient prisonnier M. Monin, médecin, et lui enlevaient son cheval pour s'en servir au profit de la conspiration.

Cependant le tocsin sonnait encore; tout à coup deux tambours battent le rappel. La bande se rassemble devant le domicile d'Aimé Barret, leur chef; un aigle porté au bout d'un bâton les précède. La troupe se met en marche, et va prendre position sur une hauteur qui domine la grande route, non *à deux cents pas*, mais à une demi-lieue de Saint-Andéol, dans un endroit nommé les *Echirés*. Deux émissaires avaient été envoyés, pendant la nuit, par Barret, sur la route de Lyon, pour

---

(1) Ces faits sont constatés par les nombreux interrogatoires des rebelles, à Saint-Andéol, notamment par celui de J. A. C., du 18 juin; par celui de C. G., du 20 juin; par celui du sieur Raillart, du 14 juin; par celui de J. B. T., du 19 juin, etc. etc.

(2) C'est à la conduite que j'ai tenue en cette occasion que je dois les nombreux témoignages de bienveillance des autorités, qui forment un si étrange contraste avec l'arrêté de ma révocation.

Voyez Pièces justificatives, n° 5.

connaître l'issue des évènemens de la ville. Ils reviennent et apportent la fâcheuse nouvelle qu'à Lyon et dans les campagnes on a été surpris, *que le coup est manqué.* Aussitôt la consternation se répand; on ne sait un moment quel parti prendre; Barret ranime les espérances; on reprend courage, et l'on tient ferme jusqu'à quatre heures après midi. A cette heure, la garde nationale et la gendarmerie de Mormant paraissent; alors les premières craintes se renouvellent; on ne doute plus du mauvais succès des conspirateurs de Lyon; l'on jette ses armes dans les bois, pour chercher son salut dans la fuite (1).

Tels sont les faits que M. le Lieutenant de police a renfermés d'une manière si vraie, si claire, si exacte, si concise, mais sûrement *sans dessein fixe*, dans ce peu de mots :

« Les insurgés, peu nombreux, firent deux cents pas en avant de cette commune, s'arrêtèrent pendant assez long-temps dans un champ, sans aucun dessein fixe. Ils aperçurent au loin la garde nationale d'un village voisin qui marchait contr'eux; ils se dispersèrent aussitôt. »

IIIe IMPOSTURE.

« Il est trop vrai encore que des malheureux, comme l'a dit le colonel Fabvier, rassurés par les proclamations et les promesses des chefs de troupes envoyés à leur poursuite, ont quitté leur asile pour venir se livrer à l'autorité; et au lieu de la grâce promise, ont reçu la mort. Cette déloyauté, cette trahison ont été vainement démenties.... On avait excepté de la grâce *des chefs de bandes*, a dit le général Canuel; mais les deux cent cinquante insurgés avaient-ils cent-cinquante chefs? Les séditieux de Saint-Andéol n'étaient qu'au nombre de vingt; douze ont été condamnés, etc. »

---

(1) Ces faits sont encore constatés par les interrogatoires déjà cités, et par ceux qui ont eu lieu devant la Cour prévôtale.

La déloyauté, la trahison, sont ici une invention digne de M. Sainneville, digne de M. Fabvier; on l'a démentie, on la démentira encore. Ce qui regarde les ordres du jour du général, et le nombre des rebelles *dans les autres communes*, a été déjà expliqué et réfuté par les diverses autorités qui ont publié des réponses justificatives; cela ne me concerne point. Mais tout ce qui s'est passé à St.-Andéol, je l'ai vu et je vais le dire, en donnant le défi le plus solennel à M. Fabvier, à M. de Sainneville, à tous les amis qu'ils ont dans ma commune, d'en contester, en un seul point, la vérité.

Je le répète pour la troisième fois; il est constant que la liste *nominative* des rebelles n'est pas complète, et que néanmoins cette liste, constatée par les procès-verbaux, par les interrogatoires de plusieurs insurgés, et notamment par celui du sieur Raillart, est de trente-huit.

Les chefs de troupes envoyés à leur poursuite, arrivèrent à St.-Andéol le 11 juin au matin; ils ne firent ni *proclamations* ni *promesses de grâce*; ils se bornèrent à donner *un ordre du jour* qui enjoignait *à tous ceux qui recevraient l'ordre, de paraître devant le commandant, de se présenter dans les 24 heures, à défaut de quoi ils seraient portés sur la liste des prévenus.*

Cet ordre n'était point de M. le général Canuel; il n'y était question de lui ni directement ni indirectement; c'était simplement une mesure de sagesse et de prudence prise par le chef de la force armée.

Je ne saurais dire si une telle injonction devait *rassurer* ou non les *coupables*; rien en effet ne leur annonçait que l'autorité supérieure leur promît *grâce* et *pardon*. Cependant, et comme témoin et comme signataire des interrogatoires subis par ceux qui ont comparu, d'après l'ordre du 11, j'atteste que de tous ceux qui y *obéirent*, je ne dis pas *dans l'instant même*, comme portait l'ordre, mais dans les trois jours que demeura le commandant, et *qui quittèrent leur asile pour venir se livrer à l'autorité*, pas un seul n'a reçu la mort, pas un seul n'a été condamné à la moindre peine.

Parmi les hommes qui se présentèrent, quelques-uns parurent visiblement avoir été égarés; ils furent renvoyés, sans même qu'on prît leurs noms. Treize furent interrogés, et immédiatement après rendus à la liberté. On ne me fera pas un crime aujourd'hui de tout avouer; en cette circonstance, j'avais promis ce que ne promettait pas l'ordre du jour. Des pères désolés, des mères, des femmes en pleurs étaient venus chez moi, me conjurer d'oublier les outrages que j'avais reçus, et de m'intéresser en faveur de leurs enfans ou de leurs époux; j'avais osé les assurer que ceux qui se présenteraient ne seraient point arrêtés; je tins ma parole. Un seul, nommé Montfouilloux, ayant voulu tromper le commandant militaire, fut traduit à Lyon; mais j'y arrivai presque aussitôt que lui. Je me présentai à M. le Procureur du Roi; et bien que Montfouilloux se fût placé, par ses déguisemens, dans une exception qui me dégageait de ma promesse, mes instances furent si vives, que j'obtins sa mise en liberté; il fut relâché sur le champ. Cet homme est vivant; il dira la vérité, je n'en doute pas; mais s'il la taisait, on la trouvera dans les pièces de la Cour prévôtale.

IVe IMPOSTURE.

« Que dira le général Canuel, lorsque nous lui montrerons d'une main les lettres originales écrites à divers individus par un commandant de la force armée pour les engager à rentrer, et, de l'autre, la liste des condamnés, dans laquelle les noms de ces malheureuses victimes de la foi violée se trouvent écrits en caractères de sang (1) ! »

---

(1) *Compte rendu*, pag. 139.

PIÈCES JUSTIFICATIVES DES FAITS ÉNONCÉS CI-DESSUS.

Copie d'une lettre adressée individuellement à plusieurs prévenus de la commune de Saint-Andéol, pour les inviter à rentrer dans leurs foyers, en suite de l'ordre du jour du général Canuel.

Saint-Andéol, le 11 juin 1817.

« Le nommé Colomban voudra bien *se rendre auprès de moi à l'instant même*, conformément à l'ordre du jour qui vient d'être publié et affiché.

Pour le commandant d'armes ;

Signé G........ major.

« *Nota*. Il a été condamné à mort par arrêt du 30 juin, exécuté le 1er juillet.

« Même invitation a été faite et dans les mêmes termes, à Saint-Andéol, le 11 juin 1817, au nommé Claude Guillot père ; et ce Guillot a été condamné à cinq ans de travaux forcés.

« *Nota*. Ces invitations sont toutes signées M. G....... major, le 11 juin 1817. Les arrêts de condamnation sont du 30 juin 1817 (1). »

Ce que dira le général Canuel ! Il pourra se taire ; car au fond, les arrêts des tribunaux ne le concernent point. Mais, s'il se tait, la vérité trouvera d'autres organes ; et quelque soit celui qui est appelé à la faire connaître, il dira que vos assertions sont d'exécrables calomnies, et il le prouvera.

Il appellera en témoignage le Commandant militaire et le Major que vous citez. Il appellera tout Saint-Andéol ; et tout ceux qui ont quelqu'horreur du parjure, déclareront en présence de Dieu et des hommes, que les faits

(1) Page 66 des Pièces justificatives.

que vous rapportez ne cachent qu'un astucieux mensonge: l'ignominie en retombera sur vous-mêmes, et *celui qui aura creusé la fosse, tombera dedans*. Sans même recourir à des témoins, votre propre *pièce justificative* vous sera un piége d'où vous ne sortirez pas.

Il dira que l'ordre du jour du 11 juin, que vous supposez du général Canuel, est du commandant militaire envoyé à Saint-Andéol.

Il dira que, dans cet ordre du jour, il n'est question ni *de grâce* ni *de promesse de pardon*; qu'il ne contient que la menace contre les non-comparans d'*être portés sur la liste des prévenus*.

Il dira que, dans le titre par vous placé au-dessus de votre *pièce justificative*, vous avancez une fausseté insigne, lorsque vous annoncez que la lettre qui suit ce titre est adressée aux rebelles, *pour les inviter à rentrer dans leurs foyers*; que vous avez été assez aveugle pour ne pas voir que, dans cette lettre, il n'est question ni de *rentrée* ni de *foyers*; qu'elle suppose même les individus *chez eux*; qu'elle les appelle simplement *chez le commandant*, et cela *dans l'instant même*.

Il dira que, quand l'ordre du 11 juin serait *du général*, que quand il contiendrait une invitation expresse aux insurgés de *rentrer dans leurs foyers*, que quand il garantirait solennellement *grâce et pardon*, la *pièce justificative* n'en couvrirait pas moins une calomnie; que les nommés Colomban et Guillot, sommés *le 11 juin* de se rendre chez le commandant, dans *l'instant même*, sous peine *d'être portés sur la liste des prévenus*, détournés sans doute, comme plusieurs autres, par la gravité de leur crime, ne se présentèrent point; que le commandant, auteur de l'ordre du 11, partit de Saint-Andéol le 15; qu'à cette époque encore, les malheureux dont il s'agit erraient dans les bois; qu'ils ne rentrèrent que plus tard, et qu'enfin leur arrestation n'eut lieu que du 18 au 20 juin, par ordre de la Cour prévôtale.

Ma tâche est remplie. Ce n'est qu'avec une extrême répugnance, et après une résignation trop longue peut-être, que j'ai pris la plume. Outragé dans ma réputation, au moment même où mon nom était présenté à mon Roi, comme celui d'un sujet dévoué et fidèle, j'ai pu trouver en moi assez de courage pour faire le sacrifice d'un bonheur si précieux aux yeux d'un bon Français; mais j'ai dû repousser la calomnie, qui, pour m'en priver, s'efforçait de me déshonorer. Cet écrit convaincra, je l'espère, tous les honnêtes gens, tous ceux qui, quoique divisés par des opinions différentes, restent encore unis par des sentimens communs de probité et d'honneur; il répandra peut-être un peu de lumière sur quelques points du grand procès qui va se juger. Quant à mes agresseurs, qu'ils ne s'en prennent qu'à eux-mêmes, s'ils se touvent enveloppés de l'infamie dont ils ont prétendu me couvrir.

P. S. Au moment où je terminais cet écrit, on m'a remis la lettre de M. le Maréchal duc de Raguse, à son Excellence Mgr. le duc de Richelieu, président du Conseil des Ministres : j'en extrais la phrase suivante, comme un précis de tout ce qui y est dit :

« Aujourd'hui que la résolution généreuse que prit dans le temps le colonel Fabvier, est un motif d'accusation contre lui; aujourd'hui que l'on veut mettre en question la véracité de ses récits, *lorsque ses récits lui ont été inspirés par son amour du bien public*, *et son attachement pour moi*, je dois prendre la parole, et, par mon assertion, y ajouter *tout le poids que je puis leur donner.* »

Je n'ai qu'un mot à dire : il est beau sans doute,

pour M. le colonel, d'*aimer le bien public*, et sur-tout d'*aimer son Excellence;* mais, lors même que Mgr. le duc de Raguse serait un nouveau Platon, il serait encore plus beau de lui préférer la vérité. *Amicus Plato, magis amica veritas.*

Qu'il me soit permis de le faire remarquer; M. le duc a beaucoup trop présumé du *poids* de son nom. En ce qui me concerne, le lecteur en jugera. Dans une question qui intéresse les biens, l'honneur, la sûreté, la vie des citoyens, celui qui va jusqu'à prétendre que le concert unanime des autorités administratives, militaires, judiciaires, que des milliers de témoignages, des procès-verbaux, des arrêts *ne sont pas de poids*, doit au moins soupçonner que, fût-il maréchal de France, son nom *pèsera bien moins* encore. A Constantinople même, le grand-visir n'est pas, à lui seul, un tribunal de cassation.

Qui fodit foveam, incidet in eam; et qui volvit lapidem, revertetur ad eum.

PIÈCES JUSTIFICATIVES.

N° 1.

Lyon, 26 avril 1817.

MONSIEUR LE MAIRE,

Quelques difficultés se sont présentées relativement à la question de savoir si l'imposition des portes et fenêtres pouvait être comptée au propriétaire d'une maison, pour établir la quotité qu'il doit payer pour être électeur ou éligible. L'imposition des portes et fenêtres n'étant payée au propriétaire que par forme d'avance et à charge de remboursement par des locataires, il paraissait juste de ne la lui allouer qu'autant qu'il justifierait que sa maison n'est point occupée par d'autres que par lui.

Son Excellence le Ministre de l'intérieur a décidé la question en ce sens : « Ainsi le propriétaire a droit de faire entrer dans le calcul de ses contributions, celles des portes et fenêtres, mais seulement en ce qui concerne la maison ou l'appartement qu'il occupe. Le locataire, de son côté, peut comprendre, dans ses impositions, la somme qu'il rembourse pour portes et fenêtres, au propriétaire de la maison qu'il habite, en sorte qu'il peut être électeur ou éligible, si, en réunissant à ses autres contributions ce qu'il paie pour portes et fenêtres, il atteint 300 fr., ou 1,000 fr.

« Lors donc qu'une feuille d'imposition sera soumise à votre *visa*, et qu'elle renfermera une cote sur les portes et fenêtres, vous voudrez bien spécifier dans le *visa* quelle portion de la cote doit être comptée au contribuable, d'après les principes exprimés ci-dessus. Je serais forcé de vous renvoyer les feuilles qui ne seraient point revêtues de cette formalité. Déjà j'ai envoyé à plusieurs de MM. les Maires, des feuilles d'impositions des contribuables de la commune, qui n'atteignaient la somme de 300 fr. qu'au moyen de l'imposition des portes et fenêtres, parce qu'il n'était pas spécifié si les maisons sur lesquelles elle était établie, étaient occupées par eux ou par des locataires. J'invite ceux de MM. les Maires à qui des renvois auraient été faits, à me faire parvenir, le plus promptement possible, ces feuilles rectifiées d'après les dispositions de la présente circulaire.

« Veuillez agréer, monsieur le Maire, l'assurance de ma considération distinguée.

« *Le Conseiller d'Etat, Préfet du Rhône,*

« *Signé* le Comte CHABROL. »

Nota. Comme on le voit, les règles qui m'étaient prescrites par cette lettre, excluaient évidemment M. l'adjoint du nombre des électeurs. Par suite de la réduction qu'ont éprouvée cette année les contributions personnelle et mobilière, il se trouve aujourd'hui dans une position plus défavorable encore; et s'il parvient à se faire inscrire parmi les électeurs, ce ne sera très-certainement qu'en trompant M. le Préfet, et en surprenant sa religion.

N° 2.

Extrait des registres des délibérations du Conseil municipal de Saint-Andéol-le-Château.

LES Membres du Conseil assemblé par ordre de M. le Préfet, arrêtent que les chemins vicinaux devront avoir quatre mètres francs de largeur, soit douze pieds et plus; que dans les parties où il y aura besoin de fossés pour l'écoulement des eaux, ces fossés soient faits sur les fonds des propriétaires riverains desdits chemins, afin que la largeur desdits chemins ne souffre aucune altération.

Par suite du même arrêté, un rôle en nature a été dressé au marc le franc par le Conseil. Il s'élève à soixante-dix journées à voiture, et cinq cent quatre-vingt-une journées à bras; la valeur en est fixée, savoir: celle de la journée à voiture, 6 francs; celle à bras, 40 sous, *conformément à l'instruction de M. le Conseiller d'Etat Préfet, en date du 28 juin 1816.*

Fait à la Mairie de Saint-Andéol, le 27 janvier 1817.

Suivent les signatures des Membres du Conseil, du Maire et de l'Adjoint.

Extrait du rôle de répartition pour la confection du chemin ci-dessus.

Vu et arrêté le présent rôle de répartition des prestations en nature, nécessaires à la réparation des chemins vicinaux de la commune de Saint-Andéol-le-Château, montant à cent soixante-dix journées à voiture, et cinq cent quatre-vingt-une journées à bras.

Ordonnons à *chaque particulier* dénommé audit rôle, de fournir le nombre de journées pour lesquelles il s'y trouve inscrit, aux lieux, jours et heures qui lui seront indiqués par M. le Maire, *à défaut de quoi il sera poursuivi en paiement de la valeur représentative de son travail*, conformément au prix des journées arrêté par le Conseil municipal, et d'après les formes établies par le Gouvernement pour le recouvrement des contributions directes.

Lyon, le 3 février 1817.

Le Conseiller d'Etat, Préfet du Rhône,

Signé Comte de CHABROL.

Par le Préfet :

Le Secrétaire général de la Préfecture, Signé MEULAN.

Lyon, le 3 février 1817.

Le Préfet du département du Rhône, à M. le Maire de Saint-Andéol-le-Château.

Monsieur le Maire,

J'ai reçu, avec la lettre que vous m'avez fait l'honneur de m'adresser le 28 du mois dernier,

1° La copie d'une délibération du Conseil municipal de votre commune, en date du 27 juillet dernier, constatant l'état des chemins vicinaux de ladite commune;

2° Copie d'une autre délibération du même Conseil, du 20 janvier aussi dernier, portant que lesdits chemins seront réparés;

3° Le rôle de répartition des prestations en nature, nécessaires à la réparation desdits chemins.

J'approuve, Monsieur le Maire, les deux délibérations, et je vous renvoie ci-joint, et rendu par moi exécutoire, le rôle dont il s'agit.

Veuillez, je vous prie, faire procéder, le plutôt possible, aux réparations dont ce rôle est l'objet.

Recevez, Monsieur le Maire, l'assurance de ma parfaite considération.

Le Conseiller d'Etat, Préfet,

Le comte Chabrol.

N° 3.

Nous soussignés, Inspecteur des chemins vicinaux du canton de Givors, sur l'invitation de M. Pierre Bourlier, propriétaire à St.-Andéol, pour rendre hommage à la vérité, nous sommes transportés dans ladite commune, à l'effet de vérifier les réparations des chemins vicinaux faites sous l'administration de M. Bourlier, et avons reconnu que lesdites réparations sont absolument conformes à une délibération de la commune, en date du 27 janvier 1817, confirmée par arrêté de M. le Préfet, en date du 3 février même année; qu'il ne s'agit point d'un chemin nouveau, *ni qu'on ait pu tracer à fantaisie*, mais d'un vieux chemin réparé et élargi sur l'ancienne trace; qu'en aucune partie ledit chemin *n'a de vingt et trente pieds de large;* que dans la partie joignant le fonds du sieur Petit-Pierre, actuellement Maire, il a été nécessaire d'abattre une haie appartenante audit Maire, autant pour la largeur régulière du chemin, fixée à quatorze pieds, y compris les fossés, que pour respecter les maisons situées de l'autre côté, qu'il eût fallu démolir; que dans la partie contiguë au terrain du sieur Raillart, la commune de St.-Andéol a usé de son droit en prenant dix-huit pieds qui lui étaient garantis par l'acte même d'acquisition du sieur Raillart; et enfin, que la propriété qui a eu plus de perte à supporter pour la largeur dudit chemin, est celle du sieur Bourlier, ancien Maire de St.-Andéol.

En foi de quoi nous avons signé la présente déclaration, pour servir et valoir ce que de raison.

A St.-Andéol, le 30 juin 1818.

Signé H. Heinz.

N° 4.

Extrait de l'interrogatoire subi à Saint-Andéol, par F. Raillart.

Cejourd'hui quatorze juin mil huit cent dix-sept, pardevant nous commandant d'armes à Saint-Andéol, a comparu volontairement François Raillart fils, âgé de vingt-six ans, natif de Saint-Andéol, chapelier, travaillant chez son père, et y demeurant, à qui nous avons demandé s'il n'avait point fait partie du rassemblement qui a eu lieu audit lieu de Saint-Andéol, le lundi 9 du courant, et s'il avait pris part à l'insurrection.

A quoi il a répondu que ledit jour 9 courant, il était à son travail comme à l'ordinaire; qu'ayant entendu sonner le tocsin, il était sorti pour voir ce qui se passait, et qu'à sa porte il rencontra le nommé Aimé Barret, chef des séditieux, qui lui dit : Il te faut bien prendre des armes, tu viendras avec nous. Qu'il lui répondit : Où en prendre? je n'en ai pas. Que Barret lui avait dit : On t'en trouvera bien. Qu'étant rentré chez lui, il y déjeûna. Qu'étant sorti de nouveau, il trouva près de chez lui J. A. C. fils aîné, qui lui remit un fusil de chasse qu'il croit appartenir à M. N.; qu'un instant après, *il se rendit sur la place, et de là alla avec les autres jusques aux Echirés, et qu'il resta avec les insurgés jusqu'au moment où l'attroupement fut dissipé par la force armée de Mornant.*

. . . .

A lui demandé quelles sont les personnes qu'il avait remarquées parmi les séditieux, a répondu qu'il avait reconnu, etc. (*Suivent les noms des rebelles*, que je m'abstiens de citer.)

Que lui, déposant, *est descendu avec la foule jusqu'au domicile de M. le Maire, qu'il y est entré*, et que J. A. C., qui *y était aussi, ayant pris un des fusils de munition appartenant au Maire, il avait remis le sien au déposant.*

. . . .

A lui demandé si on lui avait dit le lieu où on les conduisait.

A répondu que Barret lui avait dit qu'on les conduisait d'abord à *Brignais*, et *ensuite à Lyon, où l'empereur était déjà arrivé, et que le pain serait à trois sous la livre;* qui est tout ce que le déposant nous a dit savoir. Lecture à lui faite de sa déposition, y a persisté, et *a signé* en présence de MM. Bourlier, Maire de cette commune, etc. (*Suivent les signatures.*)

N°. 5.

Au parquet. Lyon, le 20 août 1818.

LE PROCUREUR DU ROI

Près le tribunal de première instance séant à Lyon; et près la Cour prévôtale du département du Rhône,

A M. le Maire de la commune de Saint-Andéol.

Monsieur,

Au nom de la Cour prévôtale, j'ai l'honneur de vous transmettre une copie certifiée de la lettre que la Cour vient d'adresser à M. le Préfet du département du Rhône. Je souhaite qu'elle puisse vous donner quelque satisfaction, et je ne saurais trop vous exprimer combien je désire qu'elle ait pour résultat de vous faire décerner par Sa Majesté, l'honorable récompense dont vous vous êtes montré si digne.

Veuillez agréer, Monsieur le Maire, l'assurance de ma considération distinguée. *Signé* Reyre.

Extrait de la lettre de la Cour prévôtale, à M. le Conseiller-d'État, Préfet du Rhône.

Lyon, le 20 août 1817.

Monsieur le Comte,

. . . .

A Saint-Andéol, le soulèvement fut d'une extrême violence. . . . .

M. Bourlier osa tout pour étouffer la rebellion, lorsqu'elle commençait à éclater. Dès que le tocsin eut frappé son oreille, on le vit accourir vers les portes de l'église et se précipiter au milieu d'une troupe d'hommes armés qui en gardaient les portes. Les baïonnettes furent croisées sur sa poitrine, et ne l'intimidèrent point. Il renversa plusieurs des factieux qui se jetèrent au-devant de lui; ne put cependant vaincre la résistance que tous lui opposaient. Mais il essaya encore de pénétrer dans l'église par une autre porte, où les mêmes violences furent exercées envers lui, et il ne se retira enfin qu'après double lutte qui exposa sa vie aux plus grands dangers, etc. . . . .

. . . .

. . . .

Pour copie conforme,

Signé Reyre.

Lettre de M. le Préfet.

Lyon, 17 septembre 1817.

Monsieur le Maire,

J'ai de nouveau entretenu Son Excellence le Ministre de l'intérieur, du noble dévoûment et de la conduite courageuse que vous avez tenue dans la journée du 8 juin dernier, et sollicité pour vous une récompense de vos services éclatans, la décoration de l'Ordre royal de la Légion d'honneur.

Son Excellence m'informe, par sa lettre du 10 de ce mois, que le nombre de croix que le Roi avait jugé convenable d'accorder dans cette circonstance, avait été distribué; mais elle ajoute, et je me plais à vous mander que votre belle conduite et votre rare dévoûment ont été portés à sa connaissance. *Sa Majesté en a témoigné sa satisfaction.*

Au surplus, les particularités si honorables qui vous concernent, que la Cour prévôtale a eu l'occasion de constater par tant de témoignages, sont consignés sur ses registres des demandes de la décoration de l'Ordre royal de la Légion d'honneur. Son Excellence désire connaître, au surplus, tous les détails de votre carrière administrative ou militaire, et je vous serai obligé de vouloir m'adresser une note qui en contienne l'indication. Je m'empresserai de la transmettre, et de saisir cette occasion de rappeler une demande au succès de laquelle je ne puis que m'intéresser très-vivement.

Veuillez agréer, M. le Maire, la nouvelle assurance de ma considération distinguée.

Le Conseiller-d'État, Préfet,

Signé, comte Chabrol.

FIN.

OUVRAGES NOUVELLEMENT PUBLIÉS.

Réponse de M. le lieutenant-général CANUEL, à l'écrit intitulé : LYON en 1817, par le colonel Fabvier, ayant fait les fonctions de chef de l'état-major du lieutenant du Roi dans les 7e et 9e divisions militaires. Un vol in-8°, 1 f. 50 c. *Franc de port* 2 f.

Réponse de M. le chevalier DESUTTES, prévôt du département du Rhône, à un écrit intitulé : *Lyon en* 1817, par le colonel Fabvier, etc., etc.; in-8°, 1 f. *Franc de port*, 1 f. 25 c.

Un et un font un, ou M. Fabvier et M. Charrier-Sainneville. Par M. le comte de Montrichard, Chevalier de Saint-Louis, ci-devant Sous-Préfet à Villefranche (Rhône); 2e édition, 1 f. *Franc de port*, 1 f. 25 c.

La Vérité sur les évènemens de Lyon en 1817; réponse au Mémoire du colonel Fabvier. Par M. le comte de Fargues, maire de la ville de Lyon; 1 vol. 8°, 3 f. *Franc de port*, 3 f. 75 c.

Mémoires sur la guerre de la Vendée en 1815, par M. le baron CANUEL, lieutenant-général des armées du Roi, chevalier de l'Ordre royal et militaire de Saint-Louis; chevalier de l'Ordre royal de la Légion d'honneur, etc. Un vol. in-8° sur papier superfin d'Angoulême, orné d'une carte coloriée du théâtre de la guerre, et d'un très-beau portrait, gravé au burin, du marquis de la Rochejaquelein, tué le 4 juin 1815; 7 f. 50 c. *Franc de port*, 9 f.

Marseille et Nismes justifiées, ou Réponse au libelle intitulé : *Marseille, Nismes et ses environs en* 1815. Par des témoins oculaires; in-8°, 2 f. *Franc de port*, 2 f. 50 c.

Plaidoyer prononcé devant la Cour royale de Paris, Chambre des appels de police correctionnelle, le 24 juin 1818, par M. Roussialle, avocat; pour M. de Blosseville, contre Wilfrid-Regnault, condamné à la peine de mort, par la Cour d'assises d'Evreux, 1 f. 50 c. *Franc de port*, 1 f. 75 c.

CORRESPONDANCE INÉDITE de l'abbé Ferdinand GALIANI, conseiller du roi, pendant les années 1765 à 1783, avec Mme d'Épinay, le baron d'Holbach, le baron de Grimm, Diderot, et autres personnages célèbres de ce temps; augmentée de plusieurs lettres à Monseigneur Sanseverino, archevêque de Palerme, à M. le marquis de Carraccioli, ambasadeur de Naples près la cour de France, à Voltaire, d'Alembert, Raynal, Marmontel, Thomas, le Batteux, Mme du Boccage; précédée d'une notice historique sur l'abbé Galiani, par M. Mercier de Saint-Léger, bibliothécaire de Sainte-Geneviève; à laquelle il a été ajouté diverses particularités inédites concernant la vie privée, les bons mots, le caractère original de l'auteur. Par M. C*** de St-M***, membre de plusieurs Académies, 2 v. in-8, papier fin, 12 f. *Franc de port*, 15 f.

www.ingramcontent.com/pod-product-compliance
Ingram Content Group UK Ltd.
Pitfield, Milton Keynes, MK11 3LW, UK
UKHW031954260826
14628UKWH00005B/2052

9 782013 258494